Impressum
Verlag: BABADADA GmbH, Nedderfeld 112 , 22529 Hamburg
Geschäftsführer / Verlagsleitung: Harald Hof
Druck: Books on Demand GmbH, In de Tarpen 42, 22848 Norderstedt

Imprint
Publisher: BABADADA GmbH, Nedderfeld 112 , 22529 Hamburg, Germany
Managing Director / Publishing direction: Harald Hof
Print: Books on Demand GmbH, In de Tarpen 42, 22848 Norderstedt, Germany

škola
школа

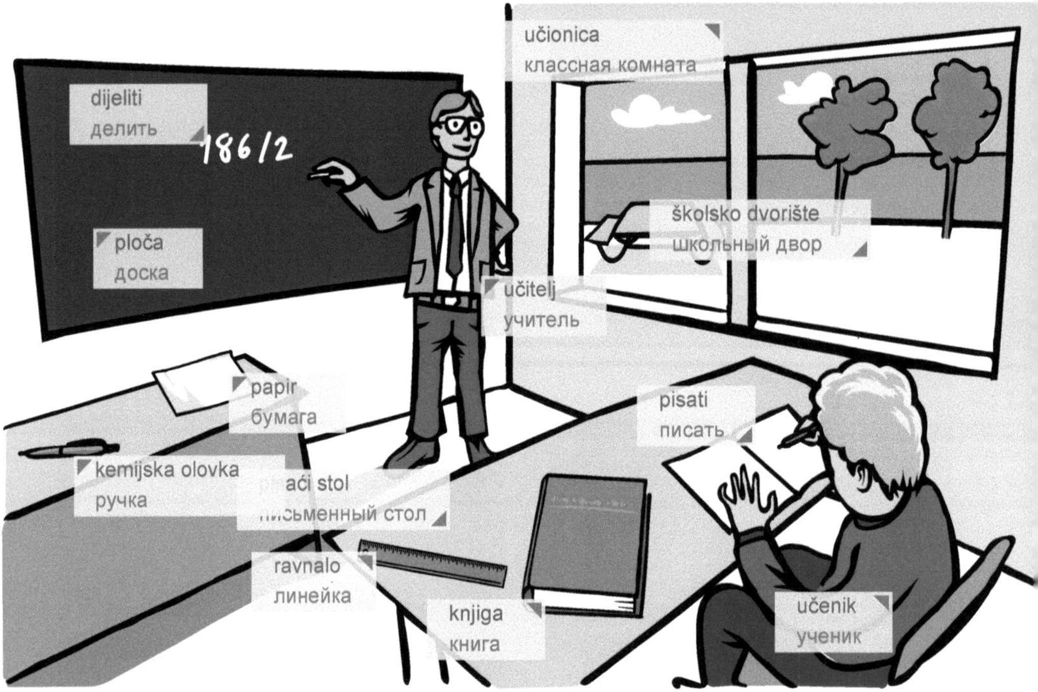

učionica
классная комната
dijeliti
делить
186/2
ploča
доска
školsko dvorište
школьный двор
učitelj
учитель
papir
бумага
pisati
писать
kemijska olovka
ручка
aći stol
исьменный стол
ravnalo
линейка
knjiga
книга
učenik
ученик

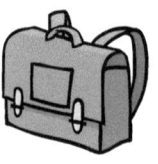

torba
ранец

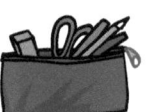

pernica
пенал

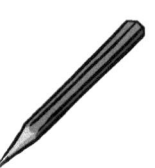

grafitna olovka
карандаш

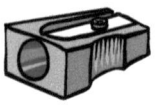

šiljilo za olovke
точилка

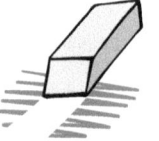

gumica za brisanje
ластик

blok za crtanje
альбом для рисования

crtež

рисунок

kist

кисточка

kutija s bojama

коробка красок

makaze

ножницы

ljepilo

клей

bilježnica

тетрадь

domaći zadatak

домашняя работа

broj

цифра

sabirati

прибавлять

oduzimati

вычитать

množiti

умножать

računati

считать

slovo

буква

abeceda

алфавит

riječ

слово

tekst

текст

čitati

читать

kreda

мел

sat

урок

dnevnik

классный журнал

ispit

экзамен

svjedodžba

диплом

školska uniforma

школьная форма

obrazovanje

образование

leksikon

энциклопедия

sveučilište

университет

mikroskop

микроскоп

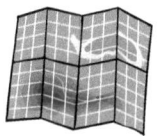

karta

карта

košara za papir

корзина для бумаг

hotel
гостиница

Grand

prenoćište
турбаза

ROOMS

mjenjačnica
пункт обмена валюты

EXCHANGE

kofer
чемодан

auto
автомобиль

jezik

язык

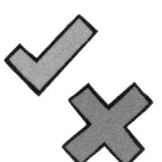

da / ne

да / нет

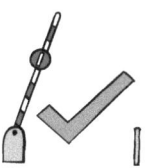

okay

хорошо

zdravo

Привет

prevoditelj

переводчик

hvala

Спасибо

Koliko košta...?

Сколько стоит...?

ne razumijem

Я не понимаю

problem

проблема

dobro veče!

Добрый вечер!

Dobro jutro!

Доброе утро!

Laku noć!

Доброй ночи!

doviđenja

До свидания

smjer

направление

prtljaga

багаж

torba

сумка

ruksak

рюкзак

gost

гость

soba

комната

vreća za spavanje

спальный мешок

šator

палатка

turističke informacije

туристическая информация

plaža

пляж

kreditna kartica

кредитная карточка

doručak

завтрак

ručak

обед

večera

ужин

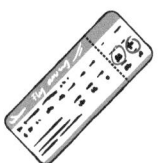

karta za vožnju

билет

dizalo

лифт

poštanska markica

почтовая марка

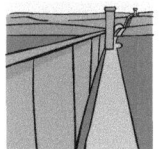

granica

граница

carina

таможня

ambasada

посольство

viza

виза

putovnica

паспорт

transport

транспорт

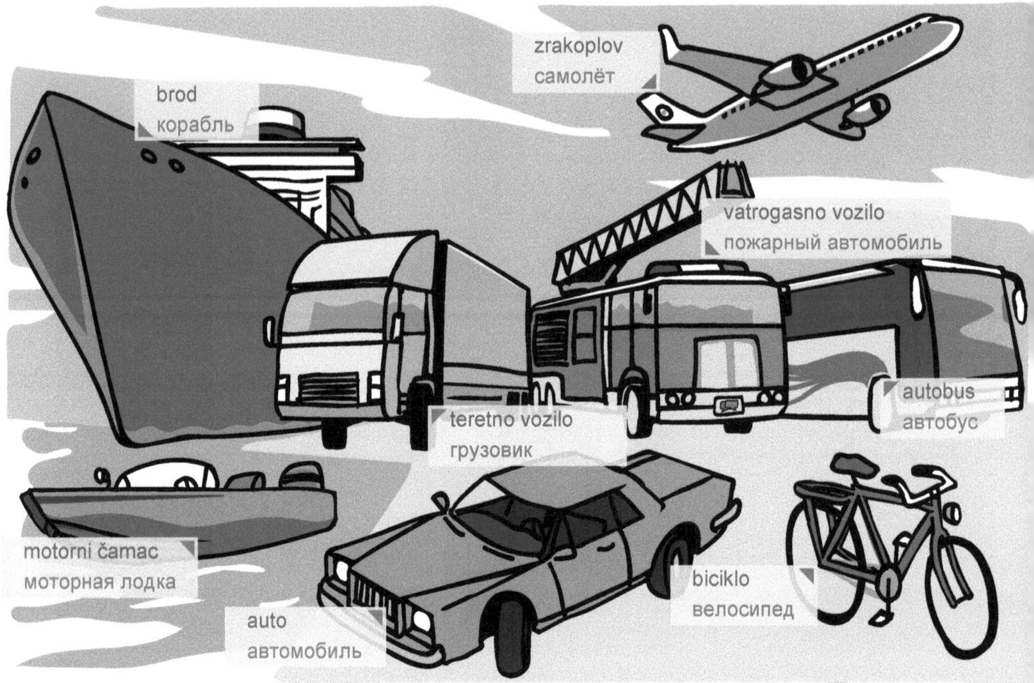
zrakoplov
самолёт
brod
корабль
vatrogasno vozilo
пожарный автомобиль
autobus
автобус
teretno vozilo
грузовик
motorni čamac
моторная лодка
biciklo
велосипед
auto
автомобиль

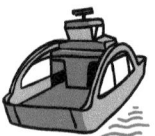

trajekt

паром

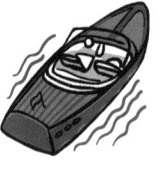

čamac

лодка

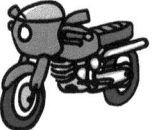

motocikl

мотоцикл

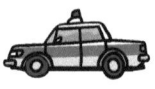

policijski auto

полицейский автомобиль

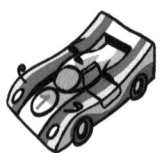

trkaći auto

гоночный автомобиль

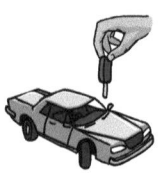

iznajmljeno auto

арендованный автомобиль

dijeljenje automobila

совместное пользование
автомобилями

vučno vozilo

буксировочный
автомобиль

vozilo za odvoz smeća

мусоровоз

motor

двигатель

benzin

топливо

benzinska postaja

заправка

prometni znak

дорожный знак

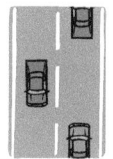

promet

движение

zastoj

пробка

parkiralište

автостоянка

kolodvor

вокзал

šine

рельсы

vlak

поезд

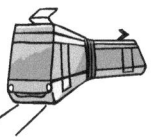

tramvaj

трамвай

vagon

вагон

helikopter

вертолёт

zrakoplovna luka

аэропорт

toranj

вышка

putnik

пассажир

kontejner

контейнер

karton

коробка

kolica

тележка

košara

корзина

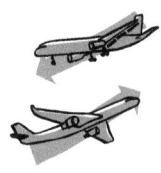

uzletjeti / sletjeti

взлетать / приземляться

grad

город

selo

деревня

centar grada

центр города

kuća

дом

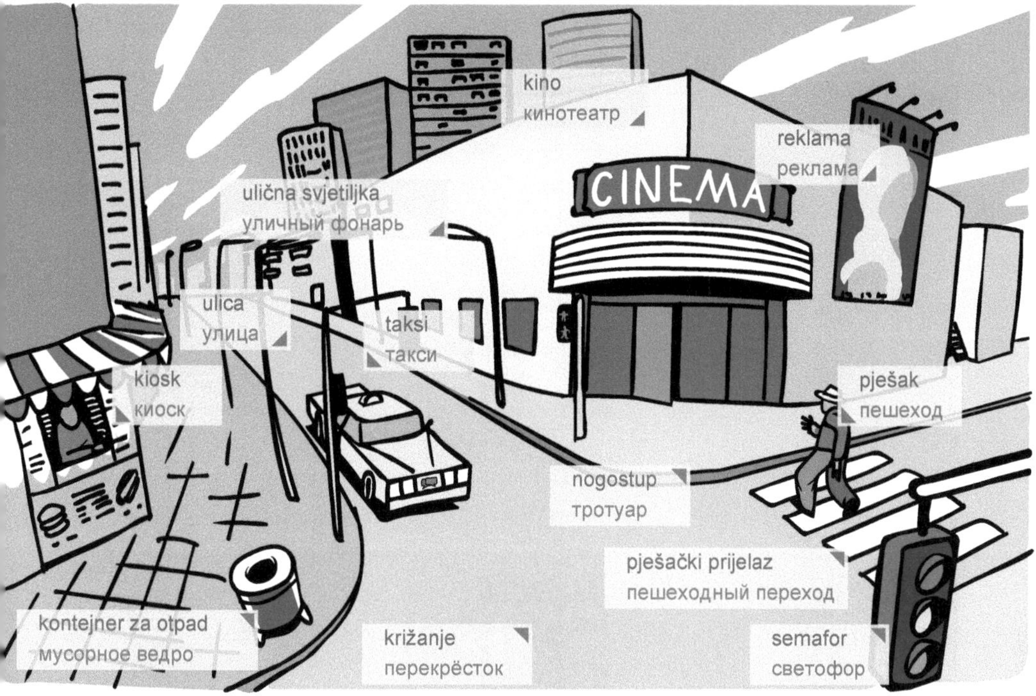

kino
кинотеатр

reklama
реклама

ulična svjetiljka
уличный фонарь

CINEMA

ulica
улица

taksi
такси

kiosk
киоск

pješak
пешеход

nogostup
тротуар

pješački prijelaz
пешеходный переход

kontejner za otpad
мусорное ведро

križanje
перекрёсток

semafor
светофор

koliba

хижина

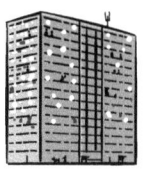

stan

квартира

kolodvor

вокзал

vijećnica

ратуша

muzej

музей

škola

школа

sveučilište

универзитет

banka

банк

bolnica

больница

hotel

гостиница

ljekarna

аптека

ured

офис

knjižara

книжный магазин

prodavaonica

магазин

cvjećara

цветочный магазин

supermarket

супермаркет

trg

рынок

robna kuća

универмаг

ribarnica

торговец рыбой

trgovački centar

торговый центр

luka

порт

park

парк

klupa

скамейка

most

мост

stepenice

лестница

podzemna željeznica

метро

tunel

тоннель

autobusna stanica

автобусная остановка

bar

бар

restoran

ресторан

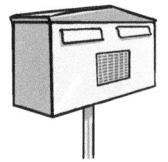

poštansko sanduče

почтовый ящик

ulični znak

табличка с названием
улицы

parkirni sat

паркометр

zoološki vrt

зоопарк

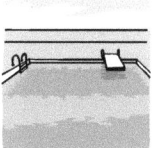

bazen

бассейн

džamija

мечеть

seosko gazdinstvo

ферма

zagađenje okoliša

загрязнение окружающей среды

groblje

кладбище

crkva

церковь

igralište

детская площадка

hram

храм

krajolik
ландшафт

list
лист

putokaz
дорожный указатель

put
дорога

livada
луг

kamen
камень

drvo
дерево

šetač
путешественник

rijeka
река

trava
трава

cvijet
цветок

dolina

долина

planina

гора

jezero

озеро

šuma

лес

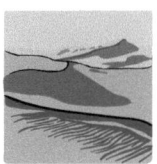

pustinja

пустыня

vulkan

вулкан

dvorac

замок

duga

радуга

gljiva

гриб

palma

пальма

moskito

комар

muha

муха

mrav

муравей

pčela

пчела

pauk

паук

buba
жук

žaba
лягушка

vjeverica
белка

jež
еж

zec
заяц

sova
сова

ptica
птица

labud
лебедь

divlja svinja
кабан

jelen
олень

los
лось

nasip
плотина

vjetrenjača
ветряной генератор

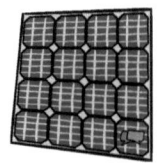

solarna ploča
солнечная батарея

klima
климат

konobar
официант

jelovnik
меню

stolica
стул

supa
суп

pica
пицца

pribor za jelo
столовые приборы

stolnjak
скатерть

predjelo
закуска

glavno jelo
главное блюдо

desert
десерт

napitci
напитки

jelo
еда

boca
бутылка

fastfood

фастфуд

imbis hrana

уличная еда

čajnik

чайник

doza za šećer

сахарница

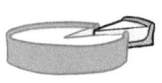

porcija

порция

aparat za espresso

кофеварка

visoka stolica

детский стульчик

račun

счет

pladanj

поднос

nož

нож

vilica

вилка

žlica

ложка

čajna žlica

чайная ложка

ubrus

салфетка

čaša

стакан

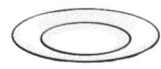

tanjur

тарелка

tanjur za supu

суповая тарелка

tanjurić

блюдце

sos

соус

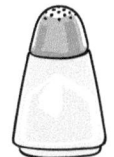

soljenka

солонка

mlin za biber

мельница для перца

ocat

уксус

ulje

масло

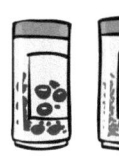

začini

специи

kečap

кетчуп

senf

горчица

majoneza

майонез

supermarket

супермаркет

ponuda
специальное предложение
FOR
kupac
покупатель
mliječni proizvodi
молочные продукты
voće
фрукты
kolica za kupnju
тележка для покупок

BUTCHERS

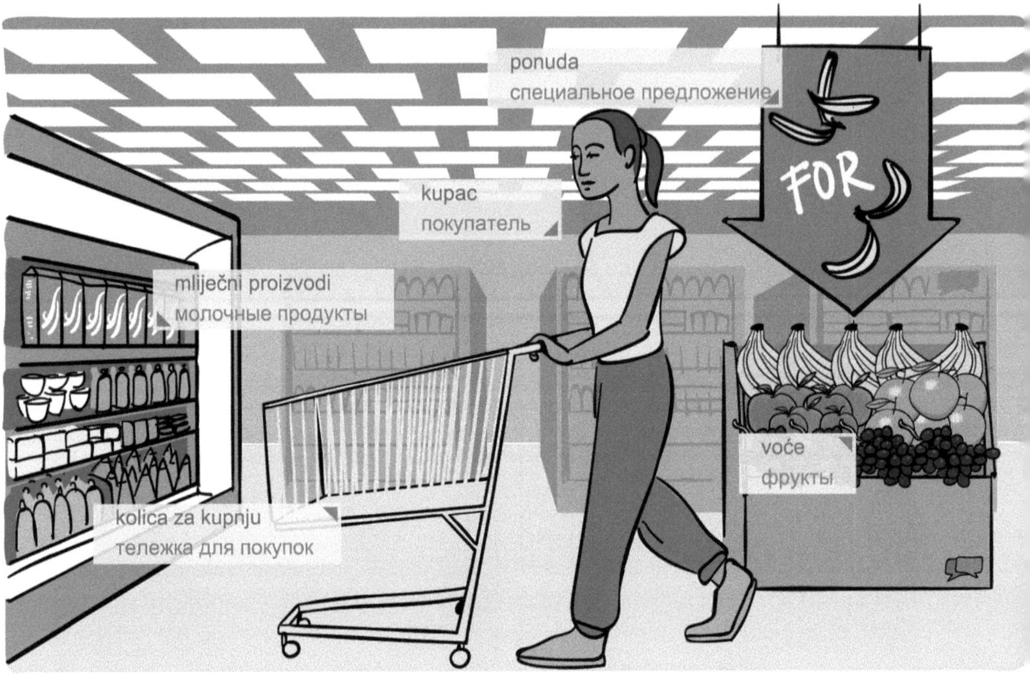

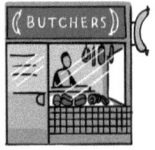

mesnica

мясной магазин

BAKERY

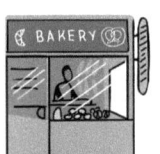

pekarnica

пекарня

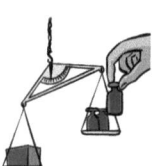

vagati

взвешивать

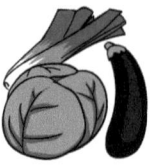

povrće

овощи

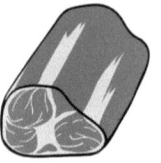

meso

мясо

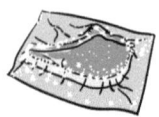

duboko smrznuta hrana

быстрозамороженные продукты

narezak

нарезка

konzerve

консервы

sredstvo za pranje

стиральный порошок

slatkiši

сладости

artikli za domaćinstvo

предмет домашнего обихода

sredstva za čišćenje

моющее средство

prodavačica

продавщица

blagajna

касса

blagajnik

кассир

lista za kupnju

список покупок

vrijeme rada

время работы

novčanik

бумажник

kreditna kartica

кредитная карточка

torba

сумка

plastična vrećica

полиэтиленовый пакет

supermarket - супермаркет

voda

вода

sok

сок

mlijeko

молоко

cola

кока-кола

vino

вино

pivo

пиво

alkohol

алкоголь

kakao

какао

čaj

чай

kava

кофе

espresso

эспрессо

cappuccino

капучино

banana

банан

jabuka

яблоко

naranča

апельсин

lubenica

арбуз

limun

лимон

mrkva

морковь

češnjak

чеснок

bambus

бамбук

luk

лук

gljiva

гриб

orašasti plodovi

орехи

rezanci

лапша

špagete

спагетти

riža

рис

salata

салат

pomfrit

картофель фри

pečeni krumpir

жареный картофель

pica

пицца

hamburger

гамбургер

sendvič

сэндвич

šnicla

шницель

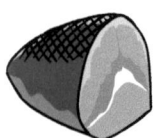

pršut

ветчина

salama

салями

kobasica

колбаса

kokoš

курица

pečenje

жаркое

riba

рыба

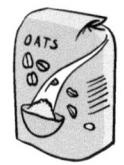

zobene pahuljice

овсяные хлопья

musli

мюсли

kukuruzne pahuljice

кукурузные хлопья

brašno

мука

roščić

круассан

pecivo

булочка

kruh

хлеб

toast

тост

keksi

печенье

maslac

масло

svježi sir

творог

kolač

пирог

jaje

яйцо

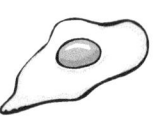

jaje na oko

яичница

sir

сыр

sladoled

мороженое

šećer

сахар

med

мёд

marmelada

мармелад

nugat krema

крем с нугой

curry

карри

seosko gazdinstvo
ферма

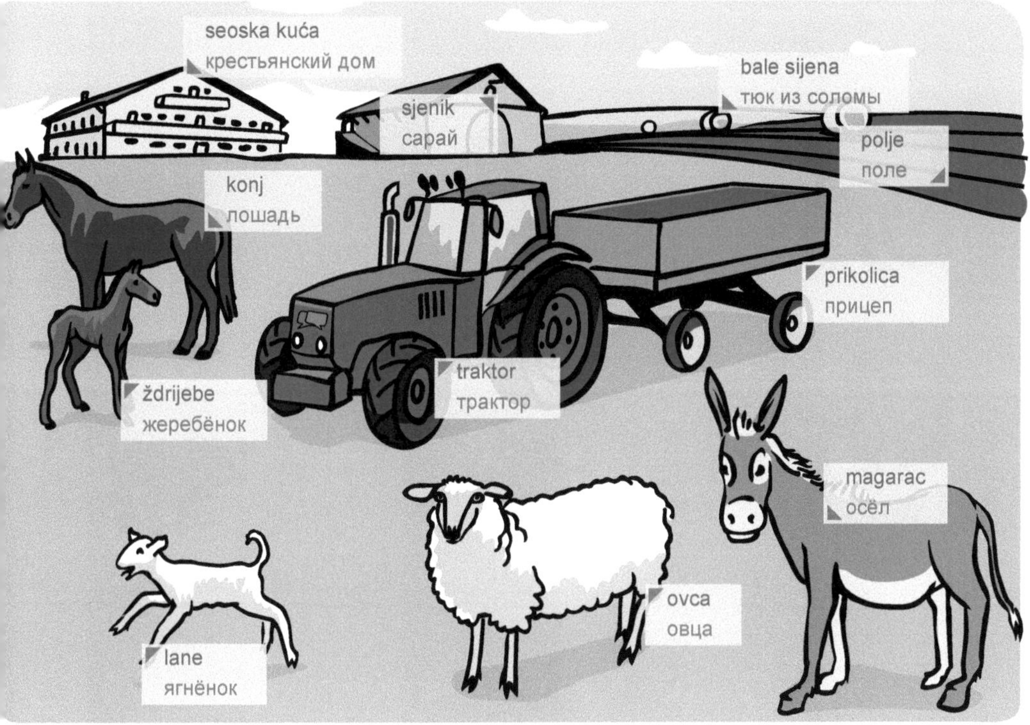

seoska kuća
крестьянский дом
bale sijena
тюк из соломы
sjenik
сарай
polje
поле
konj
лошадь
prikolica
прицеп
traktor
трактор
ždrijebe
жеребёнок
magarac
осёл
ovca
овца
lane
ягнёнок

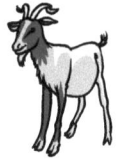

koza
....
коза

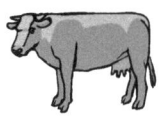

krava
....
корова

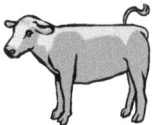

tele
....
телёнок

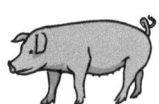

svinja
....
свинья

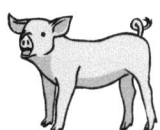

prase
....
поросёнок

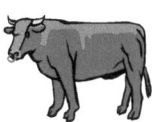

bik
....
бык

guska

гусь

patka

утка

pilići

цыплёнок

kokoš

курица

pijetao

петух

pacov

крыса

mačka

кошка

miš

мышь

vol

вол

pas

собака

kućica za psa

конура

vrtno crijevo

садовый шланг

kanta za polijevanje

лейка

kosa

коса

plug

плуг

srp

серп

motika

мотыга

vilica za gnojivo

навозные вилы

sjekira

топор

tačke

тачка

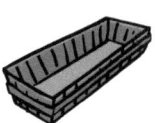

korito

корыто

posuda za mlijeko

бидон для молока

vreća

мешок

ograda

забор

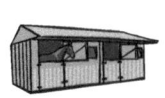

štala

хлев

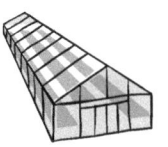

staklenik

теплица

zemlja

почва

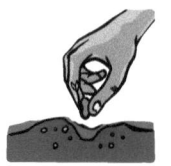

sjeme

посев

gnojivo

удобрение

kombajn

комбайн

žanjati

собирать урожай

žetva

урожай

yams začin

ямс

pšenica

пшеница

soja

соя

krumpir

картофель

kukuruz

кукуруза

uljana repica

рапс

voćka

фруктовое дерево

gomolj manioke

маниок

žitarice

злаки

kuća

дом

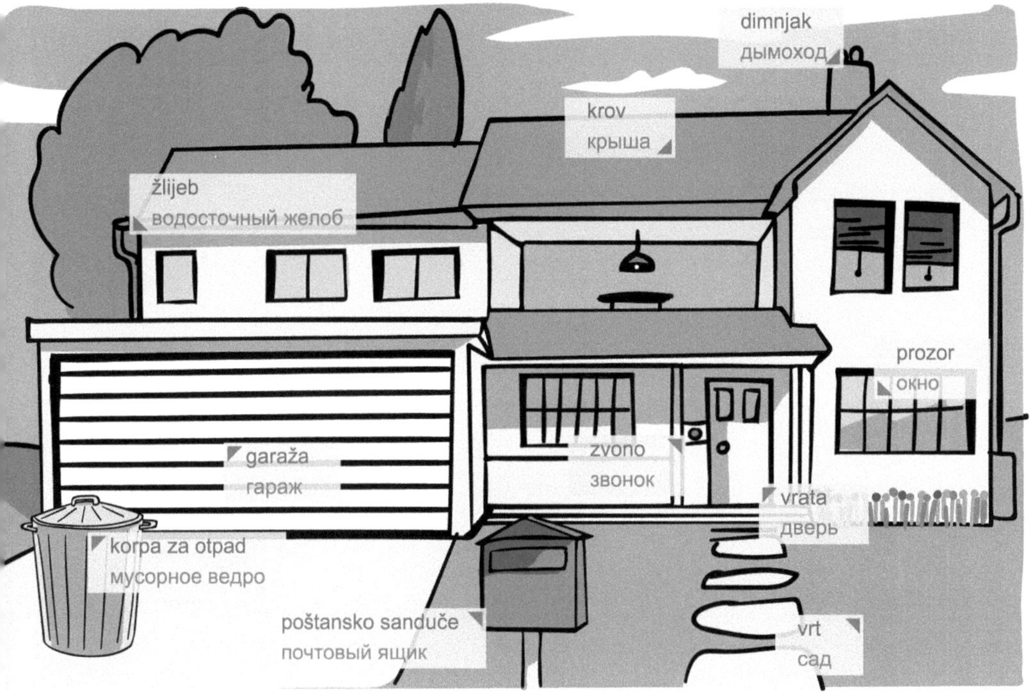
dimnjak
дымоход
krov
крыша
žlijeb
водосточный желоб
prozor
окно
garaža
гараж
zvono
звонок
vrata
дверь
korpa za otpad
мусорное ведро
poštansko sandučе
почтовый ящик
vrt
сад

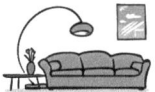

dnevna soba

гостиная

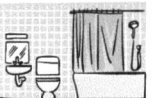

kupaonica

ванная комната

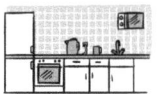

kuhinja

кухня

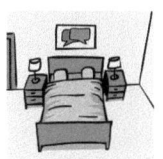

spavaća soba

спальня

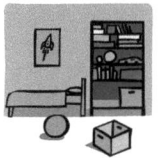

dječija soba

детская комната

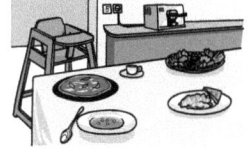

trpezarija

столовая

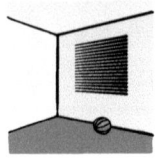

pod
пол

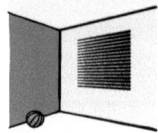

zid
стена

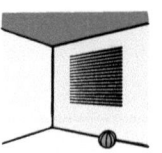

strop
потолок

podrum
подвал

sauna
сауна

balkon
балкон

terasa
терраса

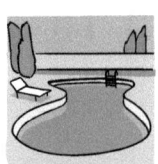

bazen
бассейн

kosilica za travu
газонокосилка

posteljina za krevet
пододеяльник

deka za krevet
покрывало

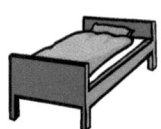

krevet
кровать

metla
метла

kanta
ведро

sklopka
выключатель

dnevna soba
гостиная

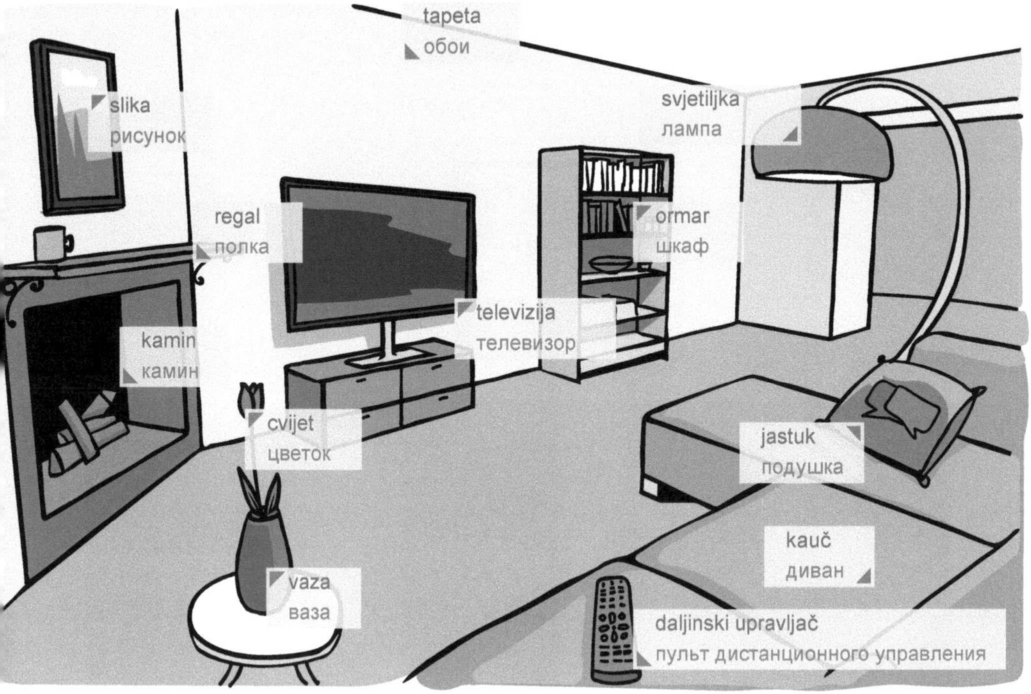

tapeta
обои
slika
рисунок
svjetiljka
лампа
regal
полка
ormar
шкаф
televizija
телевизор
kamin
камин
cvijet
цветок
jastuk
подушка
kauč
диван
vaza
ваза
daljinski upravljač
пульт дистанционного управления

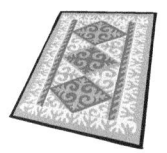

tepih

ковёр

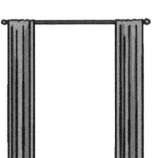

zavjesa

штора

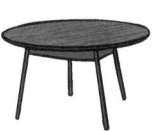

stol

стол

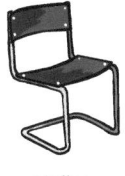

stolica

стул

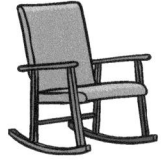

stolica za njihanje

кресло-качалка

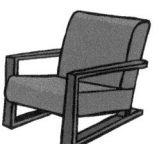

fotelja

кресло

knjiga

книга

deka

покрывало

dekoracija

украшение

drvo za ogrjev

дрова

film

фильм

stereo uređaj

стереосистема

ključ

ключ

novine

газета

slika na platnu

картина

poster

плакат

radio

радио

blok za pisanje

блокнот

usisavač

пылесос

kaktus

кактус

svijeća

свеча

kuhinja
кухня

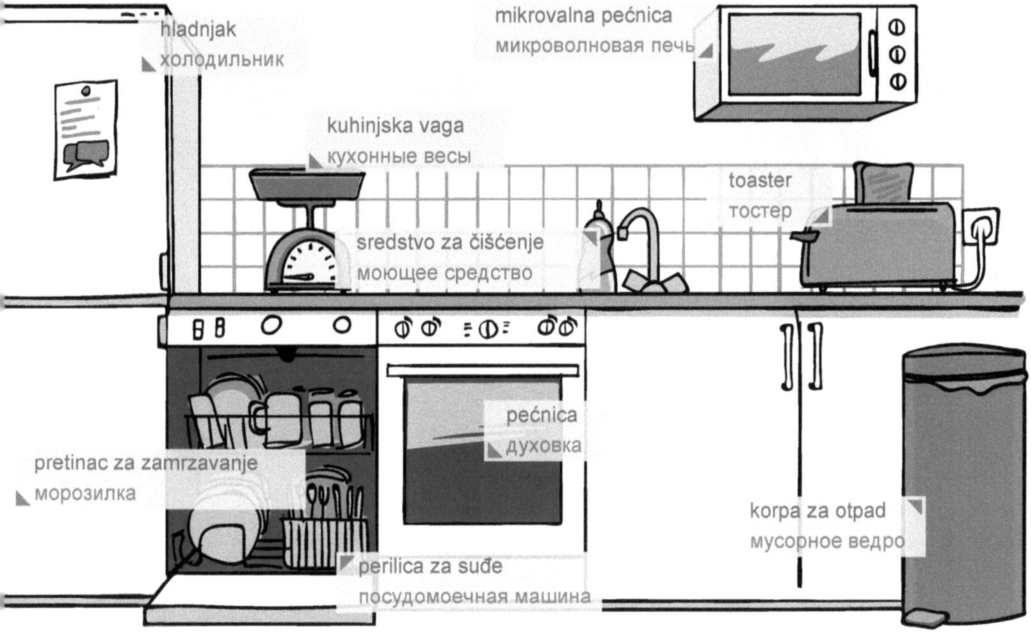

hladnjak
холодильник
mikrovalna pećnica
микроволновая печь
kuhinjska vaga
кухонные весы
toaster
тостер
sredstvo za čišćenje
моющее средство
pećnica
духовка
pretinac za zamrzavanje
морозилка
korpa za otpad
мусорное ведро
perilica za suđe
посудомоечная машина

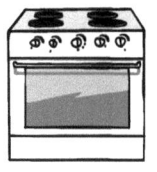

štednjak

плита

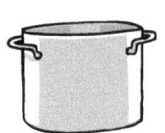

lonac

кастрюля

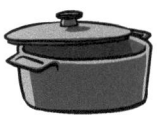

željezni lonac

чугунный котелок

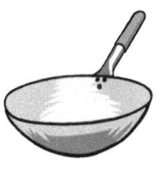

wok / kadai

вок / кадай

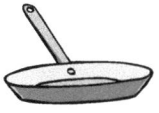

tava

сковорода

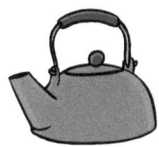

kuhalo za vodu

чайник

kuhalo na paru

пароварка

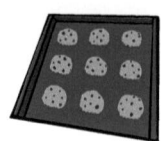

lim za pečenje

противень

posuđe

посуда

čaša

кружка

zdjela

миска

štapići za jelo

палочки для еды

kutljača

половник

lopatica

лопатка

pjenjača

сбивалка

sito za kuhanje

сито

sito

сито

ribež

тёрка

mužar

ступка

roštilj

гриль

ognjište

костёр

daska

доска

oklagija

скалка

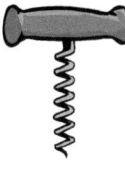

vadičep

штопор

konzerva

жестяная банка

otvarač konzervi

консервный нож

krpa za lonac

прихватка

sudoper

раковина

četka

щетка

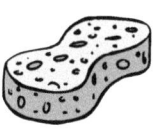

spužva

губка

mikser

миксер

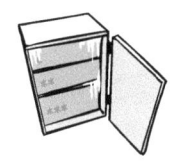

zamrzivač

морозильная камера

bočica za bebe

бутылочка для кормления

slavina za vodu

кран

kupaonica

ванная комната

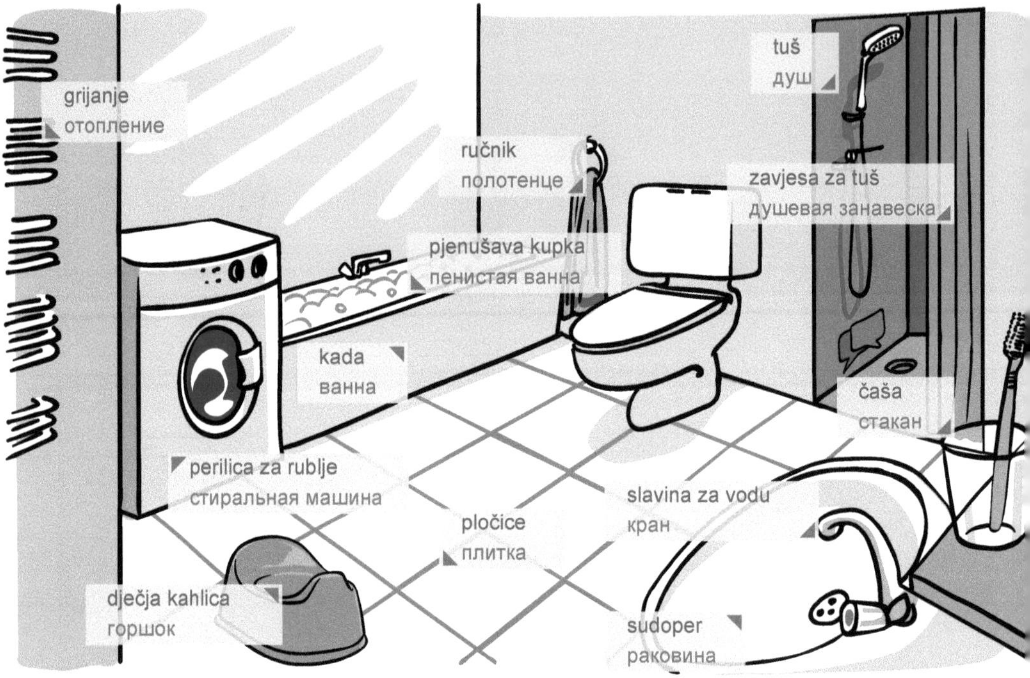

tuš
душ
grijanje
отопление
ručnik
полотенце
zavjesa za tuš
душевая занавеска
pjenušava kupka
пенистая ванна
kada
ванна
čaša
стакан
perilica za rublje
стиральная машина
slavina za vodu
кран
pločice
плитка
dječja kahlica
горшок
sudoper
раковина

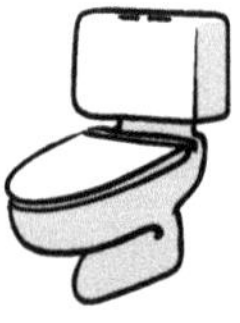

toalet

туалет

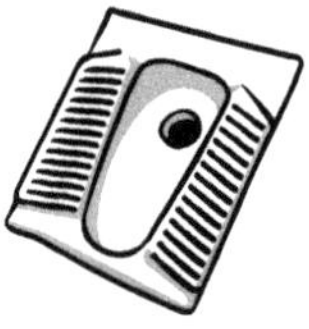

čučavac

напольный унитаз

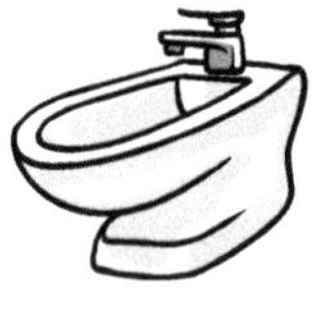

bidet

биде

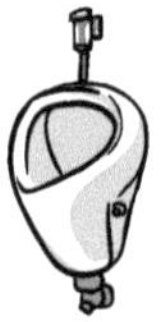

pisoar

писсуар

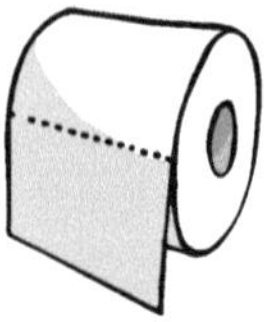

papir za toalet

туалетная бумага

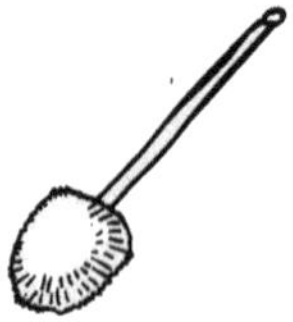

četka za toalet

ершик

četkica za zube

зубная щетка

pasta za zube

зубная паста

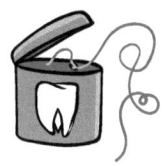

konac za zube

зубная нить

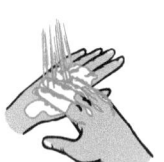

prati

мыть

tuš ručica

ручной душ

tuš za pranje intimnih dijelova

интимный душ

lavor

таз

četka za pranje leđa

щетка для спины

sapun

мыло

gel za tuširanje

гель для душа

šampon

шампунь

krpa za pranje

мочалка

odvod

сток

krema

крем

dezodorans

дезодорант

ogledalo

зеркало

kozmetičko ogledalo

ручное зеркало

brijač

бритва

pjena za brijanje

пена для бритья

losion za poslije brijanja

лосьон после бритья

češalj

расческа

četka

щетка

sušilo za kosu

фен

sprej za kosu

лак для волос

makeup

косметика

ruž za usne

губная помада

lak za nokte

лак для ногтей

vata

вата

škare za nokte

маникюрные ножницы

parfem

духи

neseser
косметичка

stolica
табуретка

vaga
весы

ogrtač
халат

rukavice za čišćenje
резиновые перчатки

tampon
тампон

uložak
гигиеническая прокладка

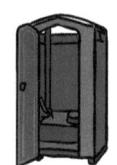

kemijski toalet
биотуалет

dječija soba

детская комната

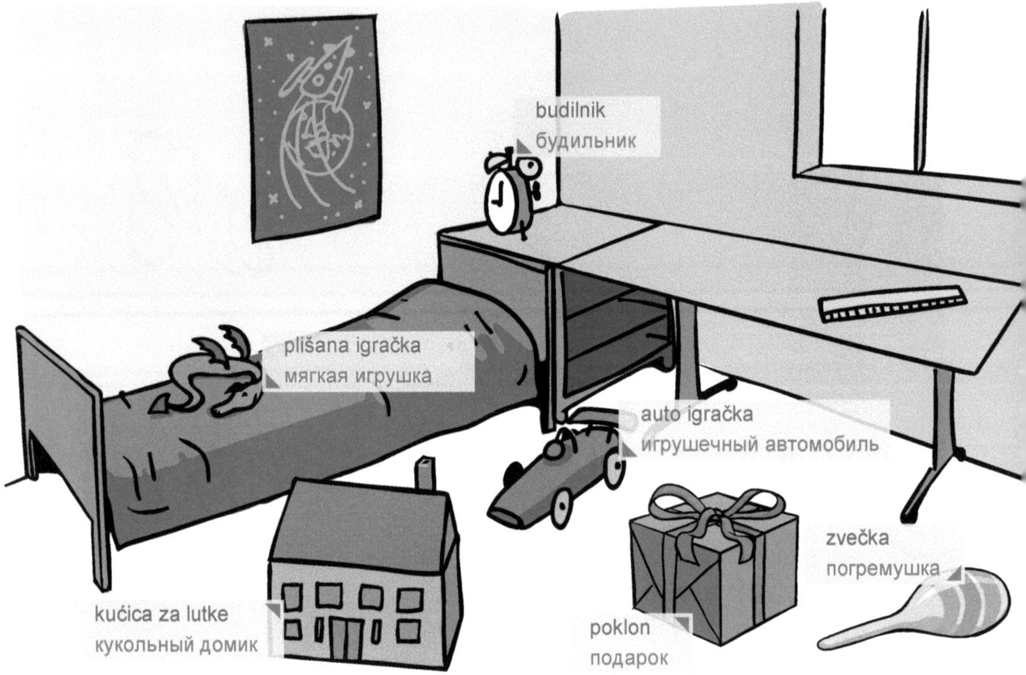

budilnik
будильник
plišana igračka
мягкая игрушка
auto igračka
игрушечный автомобиль
zvečka
погремушка
kućica za lutke
кукольный домик
poklon
подарок

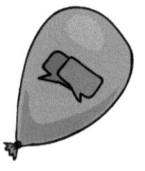

balon

воздушный шар

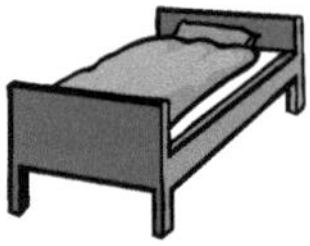

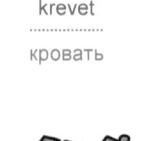

krevet

кровать

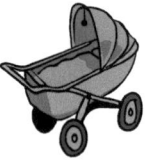

dječija kolica

детская коляска

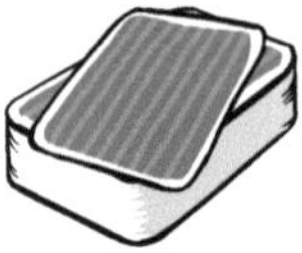

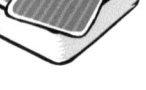

igra s kartama

карточная игра

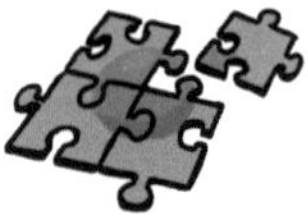

slagalica

пазл

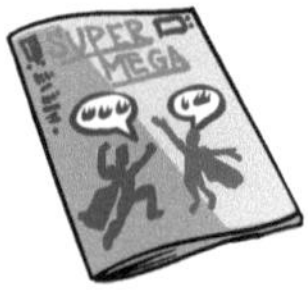

SUPER
MEGA

strip

комикс

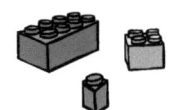

lego kockice

кирпичики Лего

kockice za slaganje

кубики

akcioni junak

игрушечная фигурка

kombinezon za bebe

ползунки

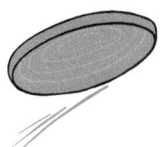

frizbi

фрисби

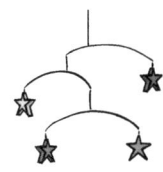

viseće igračke

мобиле

društvene igre

настольная игра

kocka

кубик

minijaturna željeznica

модель железной дороги

duda

соска

tulum

вечеринка

slikovnica

книга с картинками

lopta

мяч

lutka

кукла

igrati

играть

pješčanik

песочница

ljuljačka

качели

igračka

игрушка

konzola za igre

игровая приставка

tricikl

трёхколесный велосипед

plišani medo

плюшевый медвежонок

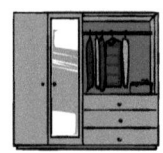

ormar

шкаф для одежды

odjeća

одежда

kratke čarape

носки

čarape

чулки

hulahopke

колготки

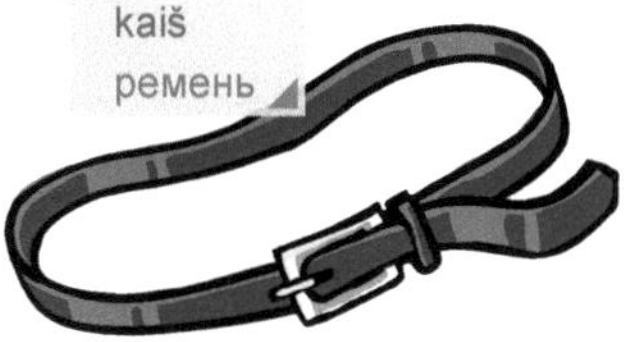

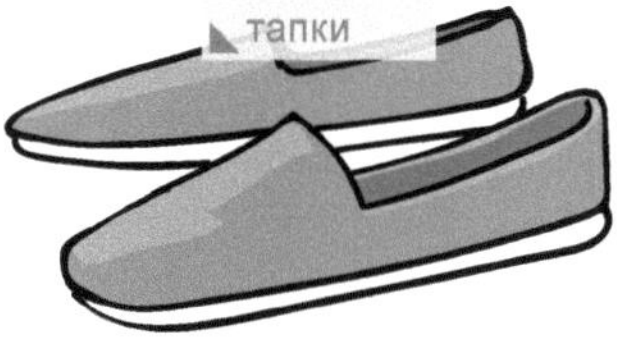

šal
шарф

kišobran
зонтик

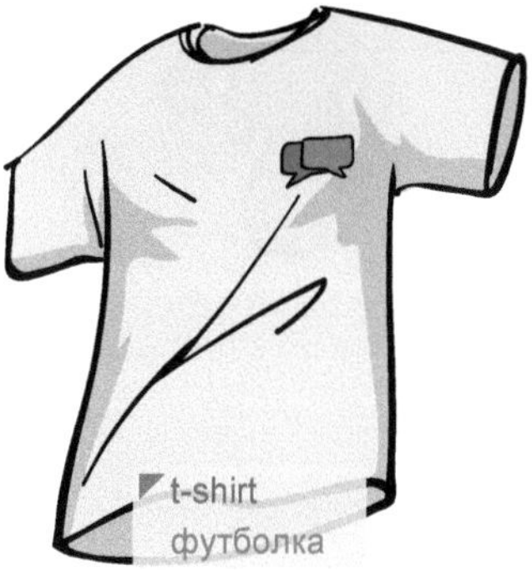

kaiš
ремень

t-shirt
футболка

čizme
сапоги

patike
кроссовки

papuče
тапки

sandale

сандалии

cipele

ботинки

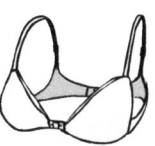

gumene čizme

резиновые сапоги

gaćice

трусы

grudnjak

бюстгальтер

potkošulja

майка

bodi
боди

hlače
брюки

džins
джинсы

haljina
юбка

bluza
блузка

košulja
рубашка

džemper
свитер

pulover s kapuljačom
свитер

blejzer
спортивная куртка

jakna
жакет

kaput
пальто

kabanica
плащ

kostim
костюм

haljina
платье

vjenčanica
свадебное платье

odijelo

мужской костюм

spavaćica

ночная сорочка

pidžama

пижама

sari

сари

rubac

платок

turban

тюрбан

burka

паранджа

kaftan

кафтан

abaja

абайя

kupaći kostim

купальник

kupaće gaćice

плавки

kratke hlače

шорты

odjeća za trening

спортивный костюм

pregača

фартук

rukavice

перчатки

gumb

пуговица

naočale

очки

narukvica

браслет

ogrlica

цепочка

prsten

кольцо

naušnica

серьга

kapa

шапка

vješalica

вешалка

šešir

шляпа

kravata

галстук

patent zatvarač

застежка молния

kaciga

шлем

naramenice

подтяжки

školska uniforma

школьная форма

uniforma

форма

podbradak

детский нагрудник

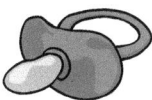

duda

соска

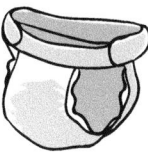

pelena

подгузник

ured

офис

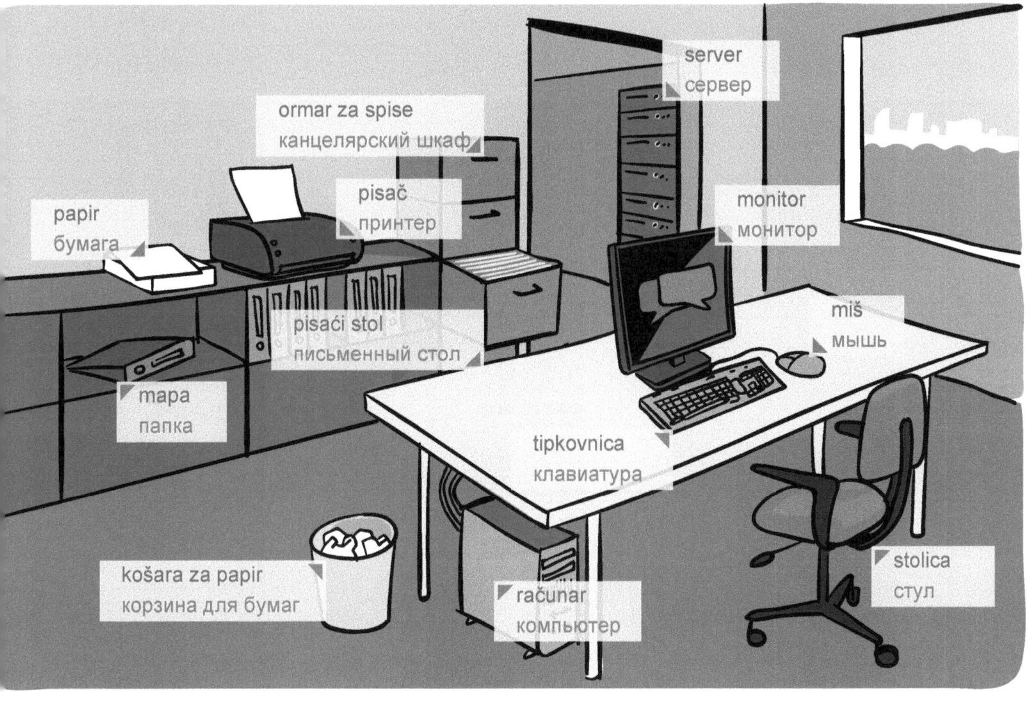

server
сервер

ormar za spise
канцелярский шкаф

pisač
принтер

monitor
монитор

papir
бумага

miš
мышь

pisaći stol
письменный стол

mapa
папка

tipkovnica
клавиатура

stolica
стул

košara za papir
корзина для бумаг

računar
компьютер

šalica za kavu

кофейная кружка

kalkulator

калькулятор

internet

интернет

laptop

ноутбук

pismo

письмо

poruka

сообщение

mobilni telefon

мобильный телефон

mreža

сеть

uređaj za kopiranje

ксерокс

softver

программа

telefon

телефон

utičnica

розетка

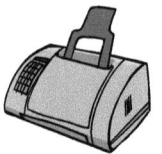

faks

факс

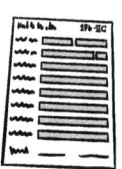

obrazac

формуляр

dokument

документ

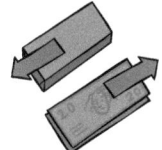

kupovati

покупать

platiti

платить

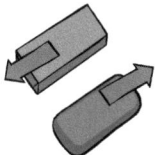

trgovati

торговать

novac

деньги

dolar

доллар

euro

евро

jen

иена

rubalj

рубль

švicarski franak

франк

renmindbi yuan

жэньминьби юань

rupija

рупия

automat za novac

банкомат

mjenjačnica

пункт обмена валюты

zlato

золото

srebro

серебро

nafta

нефть

energija

энергия

cijena

цена

ugovor

договор

porez

налог

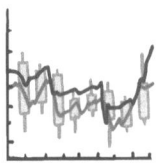

dionica

акция

raditi

работать

službenik

служащий

poslodavac

работодатель

tvornica

фабрика

prodavaonica

магазин

zanimanja
профессии

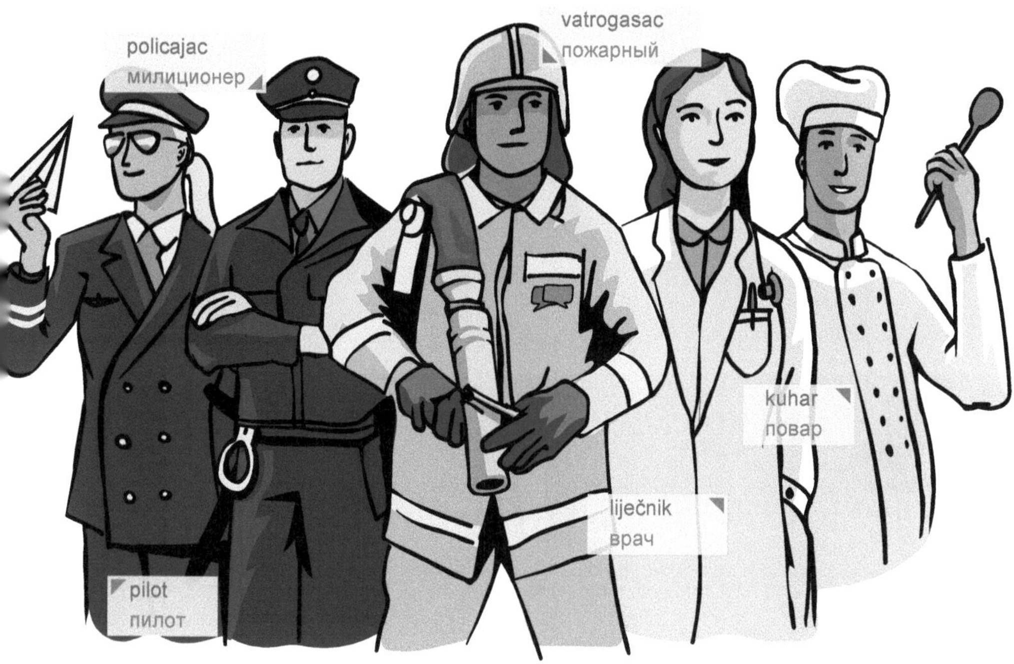

policajac
милиционер
vatrogasac
пожарный
kuhar
повар
liječnik
врач
pilot
пилот

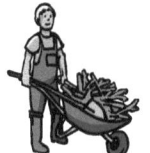

vrtlar

садовник

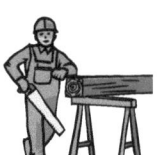

stolar

столяр

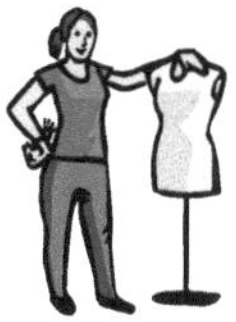

krojačica

швея

sudija

судья

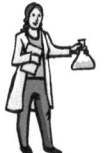

kemičar

химик

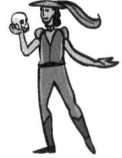

glumac

актёр

vozač autobusa

водитель автобуса

vozač taksija

таксист

ribar

рыбак

čistačica

уборщица

krovopokrivač

кровельщик

konobar

официант

lovac

охотник

slikar

художник

pekar

пекарь

električar

электрик

građevinski radnik

строитель

inženjer

инженер

mesar

мясник

limar

сантехник

poštar

почтальон

vojnik

солдат

arhitekta

архитектор

blagajnik

кассир

cvjećar

флорист

frizer

парикмахер

kondukter

кондуктор

mehaničar

механик

kapetan

капитан

zubar

зубной врач

znanstvenik

ученый

rabi

раввин

imam

имам

monah

монах

svećenik

священник

alati

инструменты

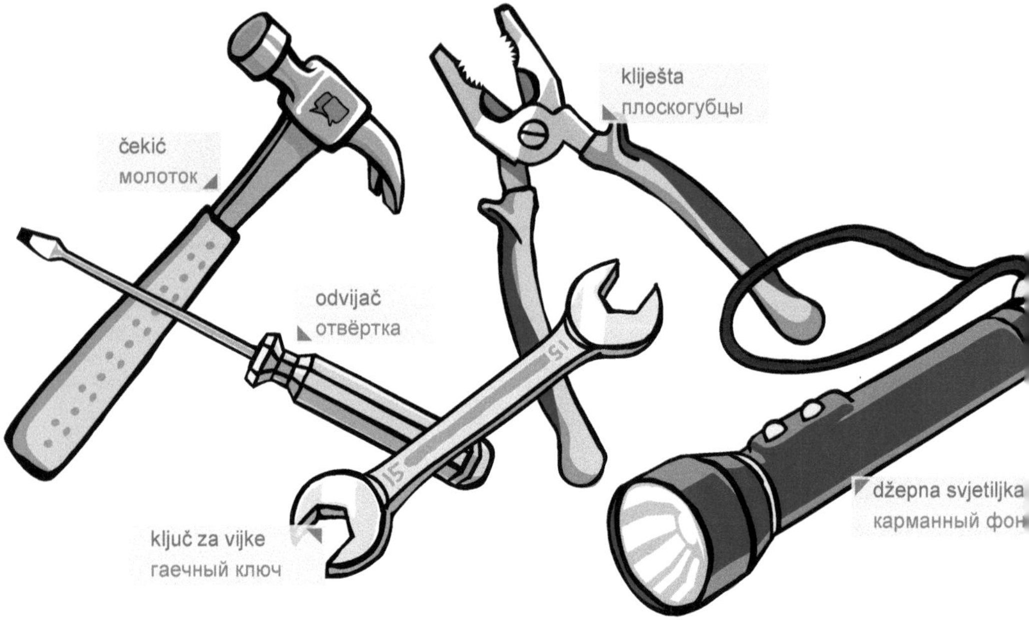

čekić
молоток
kliješta
плоскогубцы
odvijač
отвёртка
ključ za vijke
гаечный ключ
džepna svjetiljka
карманный фон

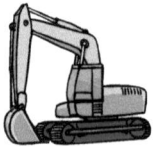

rovokopač

экскаватор

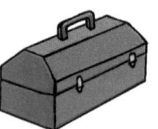

kutija za alat

ящик для инструментов

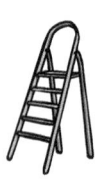

ljestve

стремянка

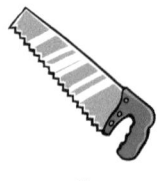

pila

пила

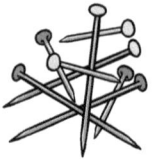

ekser

гвозди

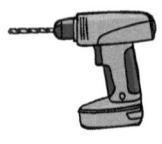

bušilica

дрель

popraviti

ремонтировать

lopata

лопата

Sranje!

Блин!

lopatica

совок

lonac za boju

ведро с краской

vijci

винты

glazbeni instrument

музыкальные инструменты

bubnjevi
ударный инструмент

zvučnik
громкоговоритель

gitara
гитара

kontrabas
контрабас

truba
труба

klavir

пианино

violina

скрипка

bas

бас-гитара

timpani

литавры

udaraljke za bubnjeve

барабан

keyboard

синтезатор

saksofon

саксофон

flauta

флейта

mikrofon

микрофон

zoološki vrt

зоопарк

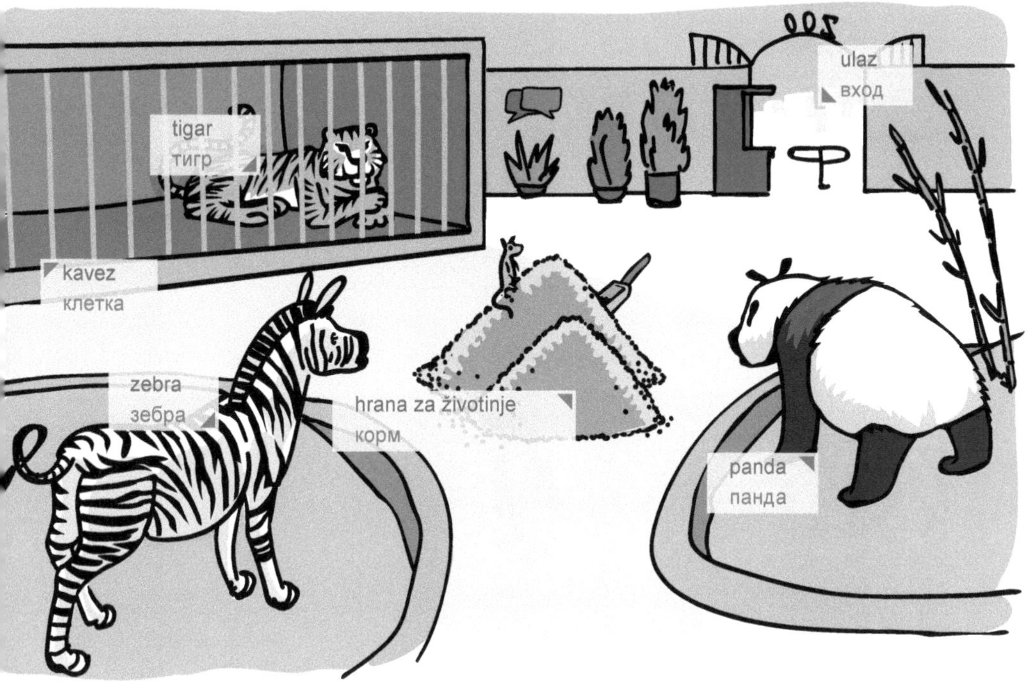

ulaz
вход
tigar
тигр
kavez
клетка
zebra
зебра
hrana za životinje
корм
panda
панда

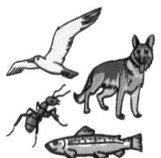

životinje

животные

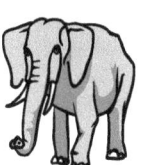

slon

слон

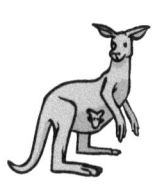

kengur

кенгуру

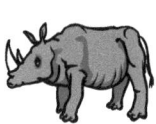

nosorog

носорог

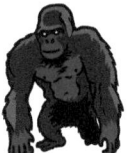

gorila

горилла

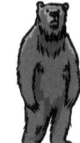

medvjed

медведь

kamila

верблюд

noj

страус

lav

лев

majmun

обезьяна

flamingo

фламинго

papagaj

попугай

polarni medvjed

белый медведь

pingvin

пингвин

ajkula

акула

paun

павлин

zmija

змея

krokodil

крокодил

čuvar u zoološkom vrtu

служитель зоопарка

tuljan

тюлень

jaguar

ягуар

poni

пони

leopard

леопард

nilski konj

бегемот

žirafa

жираф

orao

орёл

divlja svinja

кабан

riba

рыба

kornjača

черепаха

morž

морж

lisica

лиса

gazela

газель

američki nogomet
американский футбол

biciklizam
езда на велосипеде

tenis
теннис

košarka
баскетбол

plivanje
плавание

boks
бокс

hockey na ledu
хоккей

nogomet
футбол

badminton
бадминтон

atletika
лёгкая атлетика

rukomet
гандбол

skijanje
лыжный спорт

polo
поло

skočiti
прыгать

smijati se
смеяться

zagrliti
обнимать

ići
идти

pjevati
петь

sanjati
мечтать

moliti se
молиться

poljubiti
целовать

pisati
писать

crtati
рисовать

pokazati
показывать

gurati
нажимать

dati
давать

uzeti
брать

imati

иметь

činiti

делать

biti

быть

stojati

стоять

trčati

бежать

povlačiti

тянуть

baciti

бросать

padati

падать

ležati

лежать

čekati

ждать

nositi

носить

sjediti

сидеть

oblačiti

надевать

spavati

спать

probuditi se

просыпаться

gledati

рассматривать

plakati

плакать

milovati

гладить

češljati

причесывать

govoriti

говорить

razumjeti

понимать

pitati

спрашивать

slušati

слушать

piti

пить

jesti

кушать

pospremiti

наводить порядок

voljeti

любить

kuhati

готовить

voziti

ехать

letjeti

летать

ploviti

ходить под парусом

računati

считать

čitati

читать

učiti

учиться

raditi

работать

vjenčati se

вступать в брак

šiti

шить

prati zube

чистить зубы

ubiti

убивать

pušiti

курить

poslati

отправлять

baka
бабушка

djed
дедушка

otac
папа

majka
мама

beba
младенец

kćerka
дочь

sin
сын

gost

гость

tetka

тетя

ujak, stric

дядя

brat

брат

sestra

сестра

tijelo

тело

čelo
лоб
oko
глаз
rame
плечо
prst
палец
lice
лицо
brada
подбородок
ruka
кисть
noga
нога
grudi
грудь
ruka
рука

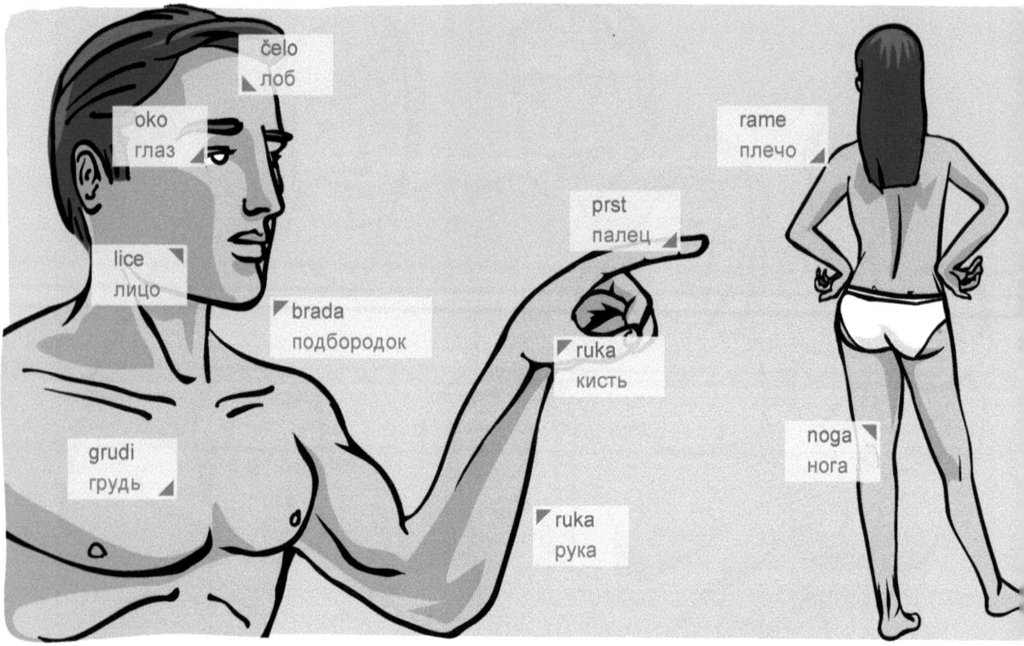

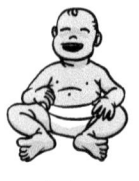

beba

младенец

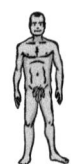

muškarac

мужчина

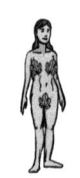

žena

женщина

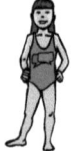

djevojčica

девочка

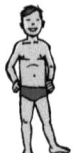

dječak

мальчик

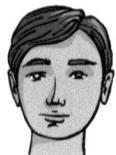

glava

голова

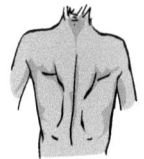

leđa

спина

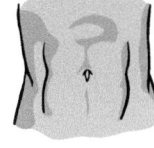

trbuh

живот

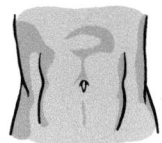

pupak

пупок

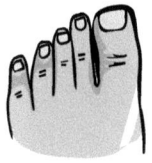

nožni prst

палец ноги

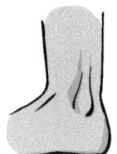

peta

пятка

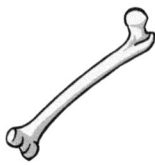

kost

кость

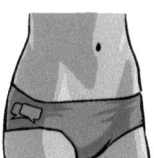

kuk

бедро

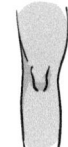

koljeno

колено

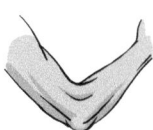

lakat

локоть

nos

нос

stražnjica

ягодицы

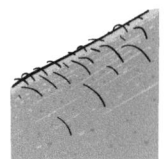

koža

кожа

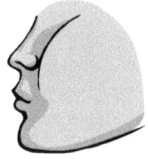

obraz

щека

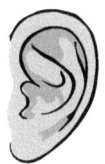

uho

ухо

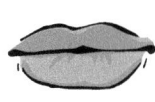

usna

губа

tijelo - тело

usta

рот

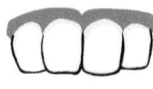

zub

зуб

jezik

язык

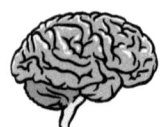

mozak

мозг

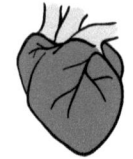

srce

сердце

mišić

мышца

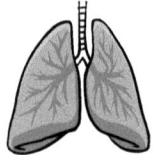

pluća

лёгкое

jetra

печень

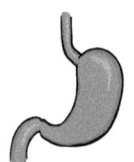

želudac

желудок

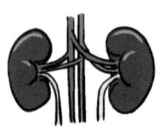

bubrezi

почки

snošaj

половой акт

kondom

презерватив

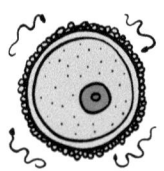

jajna stanica

яйцеклетка

sperma

сперма

trudnoća

беременность

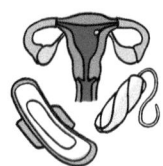

menstruacija

менструация

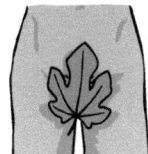

vagina

вагина

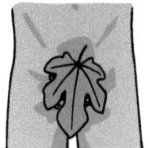

penis

пенис

obrva

бровь

kosa

волосы

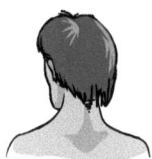

vrat

шея

bolnica
больница

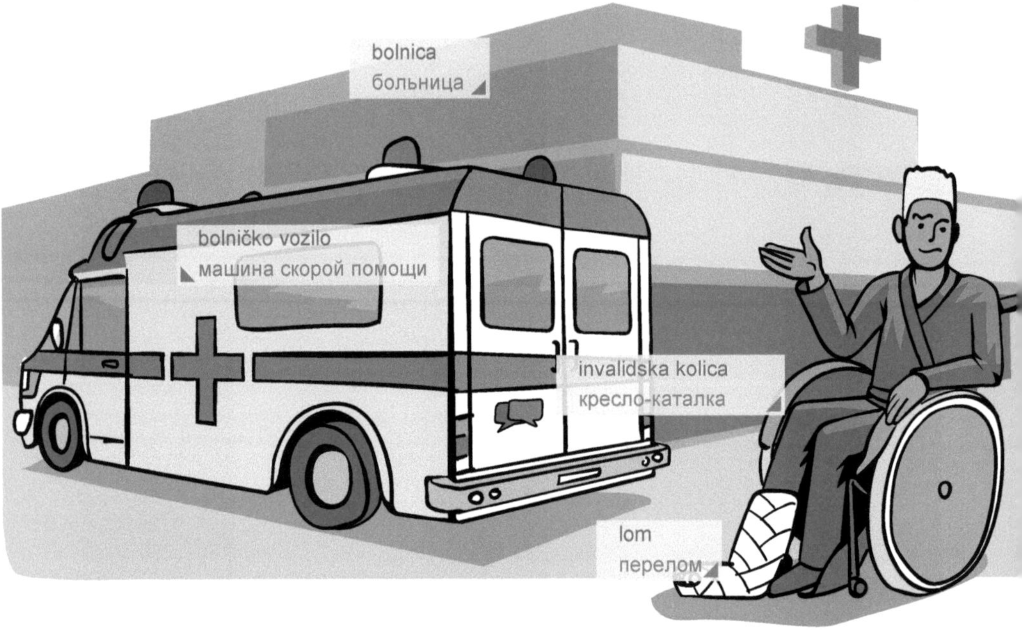

bolnica
больница
bolničko vozilo
машина скорой помощи
invalidska kolica
кресло-каталка
lom
перелом

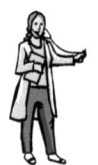

lječnik

врач

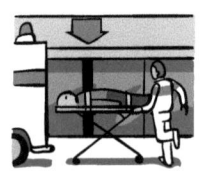

hitna medicinska služba

пункт первой помощи

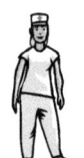

medicinska sestra

медсестра

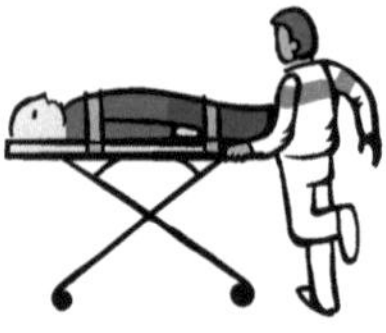

hitni slučaj

неотложный случай

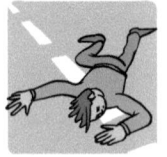

nesvijest

без сознания

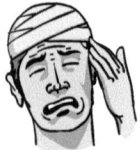

bol

боль

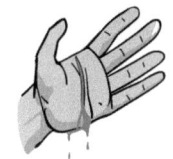

ozljeda

повреждение

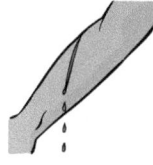

krvarenje

кровотечение

srčani infarkt

инфаркт

moždani udar

инсульт

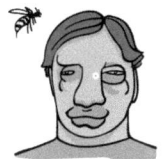

alergija

аллергия

kašalj

кашель

groznica

повышенная температура

gripa

грипп

proljev

понос

glavobolja

головная боль

rak

рак

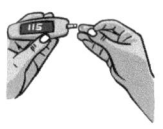

dijabetes

диабет

kirurg

хирург

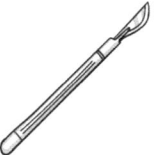

skalpel

скальпель

operacija

операция

ct
········
КТ

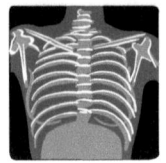

rentgen
········
рентген

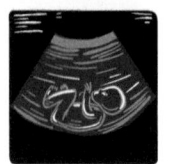

ultrazvuk
········
ультразвук

maska
········
маска

bolest
········
болезнь

čekaonica
········
приёмная

štaka
········
костыль

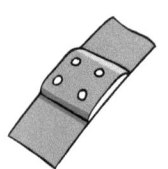

flaster
········
пластырь

zavoj
········
бинт

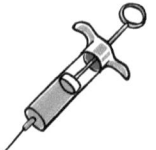

injekcija
········
укол

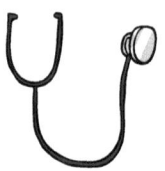

stetoskop
········
стетоскоп

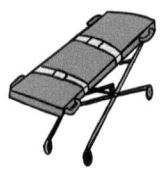

nosilo
········
носилки

termometar
········
термометр

rođenje
········
рождение

prekomjerna težina
········
избыточный вес

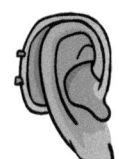

slušni aparat

слуховой аппарат

sredstvo za dezinfekciju

дезинфекционное
средство

infekcija

инфекция

virus

вирус

hiv / sida

ВИЧ / СПИД

medicina

лекарство

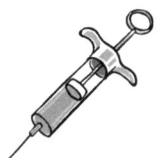

vakcinacija

прививка

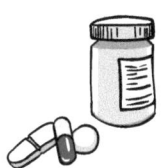

tablete

таблетки

pilula

противозачаточная
таблетка

poziv u pomoć

экстренный вызов

uređaj za mjerenje tlaka

прибор для измерения
кровяного давления

bolesno / zdravo

больной / здоровый

pomoć!

Помогите!

alarm

сигнал тревоги

nasrtaj

нападение

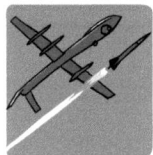

napad

атака

opasnost

опасность

izlaz za nuždu

запасной выход

požar!

Пожар!

vatrogasni aparat

огнетушитель

nezgoda

несчастный случай

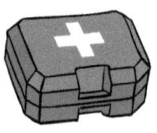

kofer prve pomoći

аптечка

sos

SOS

policija

милиция

Europa

Европа

sjeverna amerika

Северная Америка

južna amerika

Южная Америка

Afrika

Африка

Azija

Азия

Australija

Австралия

Atlantik

Атлантический океан

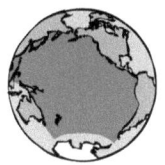

Pacifik

Тихий океан

ocean

Индийский океан

antarktički ocean

Антарктический океан

arktički ocean

Северный Ледовитый
океан

sjeverni pol

Северный полюс

južni pol

Южный полюс

Antarktik

Антарктика

zemlja

земля

zemlja

суша

more

море

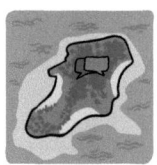

otok

остров

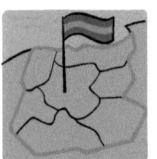

nacija

нация

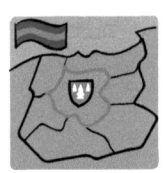

država

государство

brojčanik sata

циферблат

satna kazaljka

часовая стрелка

minutna kazaljka

минутная стрелка

sekundna kazaljka

секундная стрелка

Koliko je sati?

Который час?

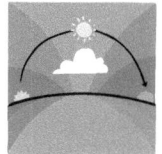

dan

день

vrijeme

время

sada

сейчас

digitalni sat

электронные часы

minuta

минута

sat

час

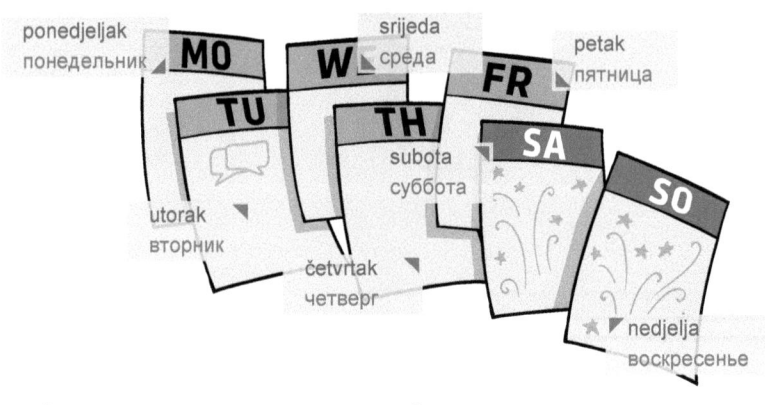

ponedjeljak
понедельник

srijeda
среда

petak
пятница

utorak
вторник

subota
суббота

četvrtak
четверг

nedjelja
воскресенье

jučer
....
вчера

danas
....
сегодня

sutra
....
завтра

jutro
....
утро

podne
....
полдень

večer
....
вечер

radni dani
....
рабочие дни

vikend
....
выходные

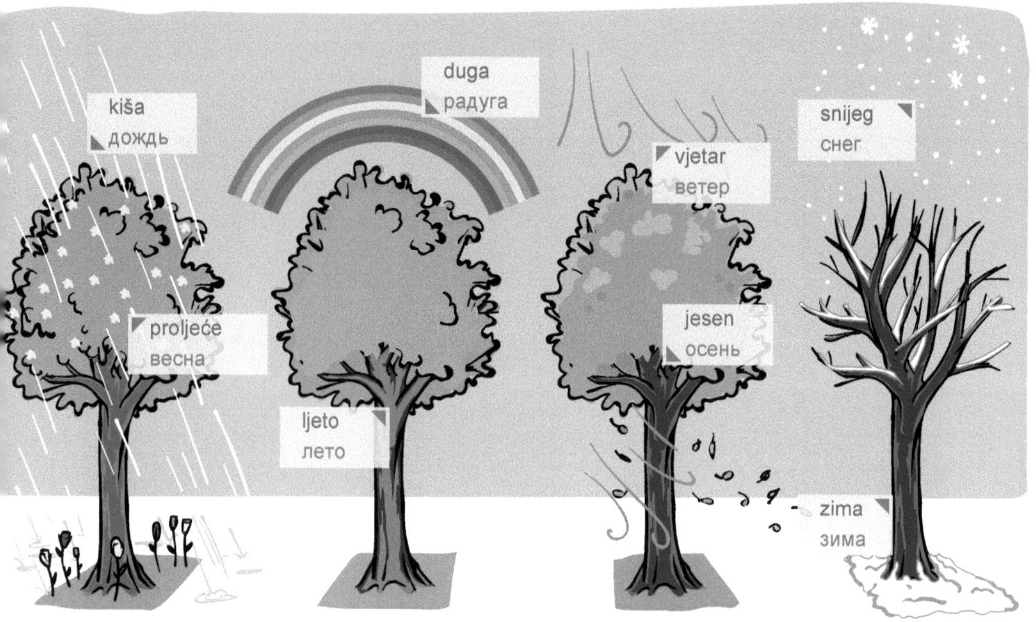

duga
радуга

kiša
дождь

vjetar
ветер

snijeg
снег

proljeće
весна

jesen
осень

ljeto
лето

zima
зима

meteorološka prognoza

прогноз погоды

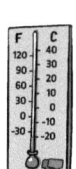

termometar

термометр

sunčana svjetlost

солнечный свет

oblak

туча

magla

туман

vlažnost zraka

влажность воздуха

munja

молния

grmljavina

гром

oluja

буря

tuča

град

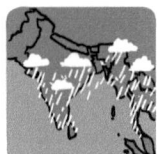

monsun

муссон

poplava

наводнение

led

лёд

siječanj

январь

veljača

февраль

ožujak

март

travanj

апрель

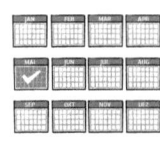

svibanj

май

lipanj

июнь

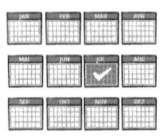

srpanj

июль

kolovoz

август

godina - год

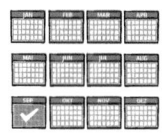

rujan
....
сентябрь

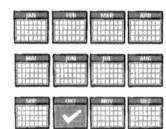

listopad
....
октябрь

studeni
....
ноябрь

prosinac
....
декабрь

oblici
формы

krug
....
круг

kvadrat
....
квадрат

pravokutnik
....
прямоугольник

trokut
....
треугольник

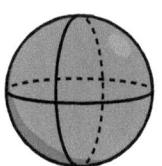

kugla
....
шар

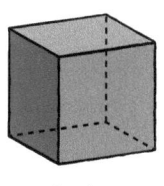

kocka
....
куб

bijela

белый

žuta

желтый

narančasta

оранжевый

ružičasta

розовый

crvena

красный

ljubičasta

лиловый

plava

синий

zelena

зелёный

smeđa

коричневый

siva

серый

crna

черный

mnogo / malo

много / мало

ljutito / mirno

яростный / мирный

lijepo / ružno

красивый / уродливый

početak / kraj

начало / конец

veliko / maleno

большой / маленький

svijetlo / tamno

светлый / темный

brat / sestra

брат / сестра

čisto / prljavo

чистый / грязный

potpuno / nepotpuno

полный / неполный

dan / noć

день / ночь

mrtvo / živo

мёртвый / живой

široko / usko

широкий / узкий

jestivo / nejestivo

съедобный / несъедобный

zlo / dobro

злой / дружелюбный

uzbuđeno / dosadno

взволнованный /
скучающий

debelo / mršavo

толстый / худой

na početku / na kraju

сначала / в конце

prijatelj / neprijatelj

друг / враг

puno / prazno

полный / пустой

tvrdo / mekano

твёрдый / мягкий

teško / lagano

тяжёлый / легкий

glad / žeđ

голод / жажда

bolesno / zdravo

больной / здоровый

ilegalno / legalno

незаконный / законный

pametno / glupo

умный / глупый

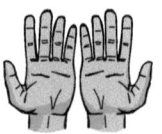

lijevo / desno

слева / справа

blizu / daleko

близко / далеко

novo / rabljeno

новый / подержанный

ništa / nešto

ничто / нечто

staro / mlado

старый / молодой

uključeno / isključeno

включено / выключено

otvoreno / zatvoreno

открыто / закрыто

tiho / glasno

тихо / громко

bogato / siromašno

богатый / бедный

točno / pogrešno

правильный /
неправильный

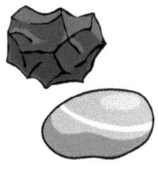

hrapavo / glatko

шероховатый / гладкий

tužno / sretno

печальный / счастливый

kratko / dugo

короткий / длинный

polako / brzo

медленный / быстрый

mokro / suho

мокрый / сухой

toplo / hladno

тёплый / прохладный

rat / mir

война / мир

0

nula

ноль

1

jedan

один

2

dva

два

3

tri

три

4

četiri

четыре

5

pet

пять

6

šest

шесть

7

sedam

семь

8

osam

восемь

9

devet

девять

10

deset

десять

11

jedanaest

одиннадцать

12

dvanaest

двенадцать

13

trinaest

тринадцать

14

četrnaest

четырнадцать

15

petnaest

пятнадцать

16

šestnaest

шестнадцать

17

sedamnaest

семнадцать

18

osamnaest

восемнадцать

19

devetnaest

девятнадцать

20

dvadeset

двадцать

100

stotinu

сто

1.000

tisuću

тысяча

1.000.000

milijun

миллион

engleski

английский

američko engleski

американский английский

kinesko mandarinski

мандаринский китайский

hindi

хинди

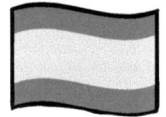

španjolski

испанский

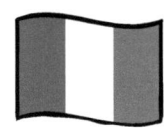

francuski

французский

arapski

арабский

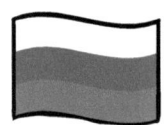

ruski

русский

portugalski

португальский

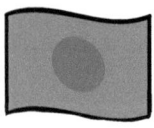

bengalski

бенгальский

njemački

немецкий

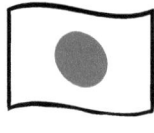

japanski

японский

ja

я

ti

ты

on / ona / ono

он / она / оно

mi

мы

vi

вы

oni

они

tko?

кто?

što?

что?

kako?

как?

gdje?

где?

kada?

когда?

ime

имя

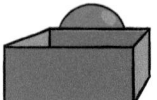

iza

за

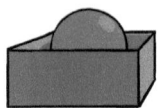

u

в

ispred

перед

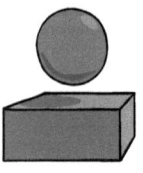

preko

над

na

на

ispod

под

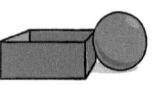

pored

рядом

između

между

mjesto

место